안홍식 시집 ○●○●○●

새는
울지
않는다

새는 울지 않는다

2021년 8월 20일 1판 1쇄 발행
2021년 9월 17일 1판 2쇄 발행

지은이	안홍식
펴낸이	고성익

펴낸곳　　**三 知 院**
　　　　　서울특별시 광진구 아차산로 335 삼영빌딩
　　　　　등록　1978년 6월 2일 제2013-22호
전 화　　 02)737-1052
f a x　　 02)739-2386
ISBN　　 978-89-7490-027-4-03810

copyright© 안홍식, 2021, Printed in Korea

* 저자와 협의하여 인지첩부를 생략합니다.

정 가　　　10,000원

시작(詩作) 노트

   자가 격리 2주를 보내며 내 인생의 굽이굽이를 시로 써야겠다고 생각했다.

   사랑과 이별의 감정은 이미 가슴 속에 담겨 있었고 나는 그것을 끄집어내려 했을 뿐이다. 내 삶의 반추, 역사의 현장에서 만나는 산하와 사람들의 이야기를 노래하고 싶었다. 그리운 어머니의 한 맺힌 얘기를 쓰면서 미안해 울었다. 어머니의 삶은 그 자체가 시다. 끝없이 펼쳐진 우주 속의 한 생명일 뿐인 나, 도시를 떠나 파주 분수리에 살며 겪은 자연과 함께하는 삶은 그 속에 이야기가 넘쳐나고 시가 되었다. 손주들을 보며 겪은 순수한 영혼의 울림은 동시가 되었다.

   40년 동안 경제학을 공부하고 가르치던 사람이 인생의 후반부에 이르러 시를 썼다. 정식으로 시를 공부하지 않은 사람이 우리 삶의 희로애락이 모두 시라 생각하고 퇴고를 거듭하며 썼다.

   무엇보다 절제된 감정의 소통을 중요하게 생각했다. 살아있는 우리 모두가 작은 시인이다. 자연과의 화해, 자연의 섭리에 순응하는 삶에서 '새는 울지 않는다'라는 시집의 제목이 정해졌다.

2021년 8월
안 홍 식

제1부

1. 사랑1   13
2. 사랑2   14
3. 슬며시 오는 사랑도 있더이다   15
4. 강(江)의 조우(遭遇)   16
5. 숯가마   17
6. 명자나무   18
7. 기쁨과 슬픔의 볼레로   19
8. 별이 된 영혼   20
9. 사랑의 색깔   22
10. 짧은 이별   23
11. 물망초(勿忘草)   24
12. 바람의 속내   25
13. 섬광(閃光)   26

제2부

1. 강(江)   29
2. 꿈같은 하루   30
3. 하얀 찔레꽃   31
4. 몽상가(夢想家)   32
5. 숲길   33
6. 씨간장   34
7. 그림자   35
8. 호로고루   36
9. 두물머리   38
10. 꿈   40
11. 파랑새   41
12. 도피안사(到彼岸寺)   42
13. 수수꽃다리   43

제3부

1. 엄마의 섬　　　　　　　　　　47
2. 자작나무 숲의 환영(幻影)　　　48
3. 고등어 무조림　　　　　　　　49
4. 미안해 가만히　　　　　　　　50
5. 머위꽃차　　　　　　　　　　51
6. 솜이불　　　　　　　　　　　52
7. 목련　　　　　　　　　　　　53
8. 10년의 사랑　　　　　　　　　54
9. 죽도시장　　　　　　　　　　56
10. 피넛 버터　　　　　　　　　58
11. 엄마 마중　　　　　　　　　59
12. 기도(祈禱)　　　　　　　　　60
13. 눈에 관한 몇 가지 회상(回想)　62

제4부

1. 망종(芒種)   67
2. 새는 울지 않는다   68
3. 접시꽃   70
4. 백양사에 두고 온 마음   71
5. 분수리 연가(汾水里 戀歌)   72
6. 잠자리   73
7. 목화꽃   74
8. 매미를 아세요   76
9. 도둑맞은 기다림   78
10. 오이소박이   79
11. 자가 격리   80
12. 아니 이 소리는!   81
13. 족발   82

제5부

1. 달님과 해님   85
2. 폭설(暴雪)   86
3. 야속한 눈   87
4. 참나리   88
5. 동생이 필요해   89
6. 엄마와 똑같아   90
7. 엄마가 이뻐   91
8. 낮잠   92
9. 눈치 10단   93
10. 헐크 아기   94
11. 실개천   95
12. 참새   96
13. 길고양이   97

1부

1. 사랑1
2. 사랑2
3. 슬며시 오는 사랑도 있더이다
4. 강(江)의 조우(遭遇)
5. 숯가마
6. 명자나무
7. 기쁨과 슬픔의 볼레로
8. 별이 된 영혼
9. 사랑의 색깔
10. 짧은 이별
11. 물망초(勿忘草)
12. 바람의 속내
13. 섬광(閃光)

사랑1

너는 봄비로 살포시 오고
나는 갓 돋아난 잎으로 너를 맞는다
마음을 흔들려는가 너는 바람으로 오고
나는 향기로 너를 감싸 안는다
햇빛으로 와 달빛으로 머무는 너
나는 별이 되어 네 품에 잠든다
이 봄엔 나비 되어 날아오려무나
나는 꿀을 머금고 너를 기다리마
민들레꽃으로 오려느냐
바람 되어 홀씨를 날려 주리라
너는 내가 모르는 세상에서 왔나보다
너를 통해 보는 세상은 새롭기만 하구나
아! 소리내어 너를 부르고 싶지만 드러내면 잃을까
마음으로 불러본다

사랑2

언제 그가 내게 왔는지 알지 못 한다
사람들이 부르는 이름을 나도 알고 있지만
이름 부를 수 없다
이름 부르면 더는 그가 아닐까 두렵다
그의 깊디깊은 속을 깨알같이 안다 해도
이름 부를 수 없다
마음에 사무쳐 날마다 그리워도
부를 수 없는 맘은 아리 아릿하다
너무 안타까워 조그만 목소리로
'사랑'이라고 불렀을 때
내 속에 깊이 담겨있던 그는
바람처럼 사라졌다

슬며시 오는 사랑도 있더이다

시(時)도 때도 없이 생각나고
생각만으로도 미소가 지어진다
마주하기라도 하면
가슴은 콩당콩당 뛰고
목소리가 뜬다
아직은 아니라고 되뇌는데도
어느새
마음 한 켠에 들어와 있네
말로는 설명할 길 없는데
조금씩 자라며
슬며시 오는 사랑도 있더이다

강(江)의 조우(遭遇)

한탄강 너는
모진 기억 다 어찌 하고
속살 훤히 드러낸 채
산골짝 돌고 돌아치며
그리 급히 가느냐

임진강 너는
아는지
거친 숨 몰아쉬며
쉼 없이 네게 달려오는
강을

그래
보고파 달려오고
애태우며 기다리는 것이
사랑인 것을

숯가마

가마 속
빼곡히 쌓인 통목
불티 하나에 타다닥
며칠 내내 서로를 태우더니
까맣게 숯이 되었네

마른 나무같이
무심한 내 가슴에도
불티
하나
날아들었으면

명자나무

이른 봄날
아무도 없는 뒤껻
새빨간 불꽃 피어나더니
홍색(紅色) 쓰개치마 쓴 아가씨
수줍게 미소 짓네

뒤껻에 홀로 있어
외로움이 가시가 되었나
미소 뒤에
기다란 가시를 숨겼네

은은한 기품
다가가지 못하고
짝사랑하는 그녀 보듯
먼발치서 보았네

기쁨과 슬픔의 볼레로

이 바다에 오면
기쁨과 슬픔이 교차한다
노란 달빛 아래 별을 헤고
파도 소리 벗삼아
라벨의 볼레로를 들었지

파도가 발목에 부딪힌다
포말(泡沫)은 이별의 잔해(殘骸)
기다릴 수 없는 파도는
포말의 잔해마저 쓸어간다

사랑하는 임이여
우리 영혼 대양(大洋)을 떠돌다
이름 모를 섬에서 만나면
달빛 아래 별마저 재우고
치는 파도 소리에 맞춰
기쁨과 슬픔의 볼레로를 추자

* 볼레로 : 스페인에서 유래한 춤과 춤곡
    모리스 라벨의 볼레로가 유명

별이 된 영혼

별 보러 갈까
별은 영혼이 쉬는 곳이라며
아무 때나 훌쩍 떠나자던
내 전부를 걸고 사랑한 사람

작은 섬
젊어 그와 함께 왔던 곳
파도에 흩어지는 발자국 하나
찬바람 속에서
혼자 본다

하얀 보석 흩뿌려진 하늘
별이 된 영혼 쏟아져 내린다
내 사랑 찾아
혼자 본다

유난히 반짝이며 다가오는 별 하나
그 사람도 나를 보고 있었구나

어려운 길 오길 잘했다
만나 행복하다

꼬리를 달고 떨어지는 별
어느 작별이라고 아프지 않을까
언젠가 내 별도 사라지고
나도 가고 잊히겠지

멀리 있어도
가슴 속에 살아 있는 사람
우주(宇宙) 속 같은 시간 함께 있어
위안이 된다

사랑의 색깔

수그렸던 사랑초
비 맞고 활짝 폈네
꽃이 늘 예쁘기만 할까
풀에 베인 듯 아리고
눈물이 맺히기도 하는 걸

사랑이 늘 아름답기만 할까
너무나 다른 사랑의 색깔
칼로 베 듯 상처를 주고
깨어진 조각만 남긴 채
안개처럼 사라지기도 하는 걸

짧은 이별

평범했던 내게
살아서는 결코 멈추지 않는
사랑앵무의 사랑이 왔었다
영원으로부터 날아와
제 몸 불사른 운석(隕石) 같은
불덩이가 훅 하고 들어왔었다
지진에도 무너지지 않고
바다를 삼킬만한 파도도 어쩌지 못할
산 같은 믿음이 밀려왔었다

그대
떠났어도
내겐
짧은 이별입니다

물망초(勿忘草)

그대 떠나고
상처일랑 갯벌에 숨겼네
썰물에 드러난 속살
바다 바람이 아리다

우리 사랑
숨바꼭질 아니었던가
밀물에 숨으면
썰물에 찾는

미움일랑
썰물에 실어 보냈네
밀물에 살포시 돌아올
임이여!

바람의 속내

따스한 바람이 오자
겨우내 숭숭히 돋았던 꽃눈
금세
하얗게 하얗게 터진다

바람의 향 꽃술을 어르자
꽃은 떠날 채비를 한다
꽃이파리 허무하게 흩날리고
이내 펼친 하얀 꽃길

여름 내내
바람에 취한 나무
바람 없는 삶 생각해본 적 없는데
바람의 속내 알 듯 모를 듯

단풍 지고 헐벗은 나무
바람이 속삭인다
이른 봄
순백(純白)의 꽃을 기다릴 거라고

섬광(閃光)

훌쩍
떠난 사람

소중하고
아름다운 사랑은
왜
강렬하고
짧을까

2부

1. 강(江)
2. 꿈같은 하루
3. 하얀 찔레꽃
4. 몽상가(夢想家)
5. 숲길
6. 씨간장
7. 그림자
8. 호로고루
9. 두눌머리
10. 꿈
11. 파랑새
12. 도피안사(到彼岸寺)
13. 수수꽃다리

강(江)

저 강(江)은
잔물결에 떠밀리면서
쉼 없이 속삭이며 가네
내려놓으라 내려놓으라고

산골짝 한 줌 샘에서 솟아
지나며 닿는 것 모두 품고
스스로를 낮추며 달려온 강
바다에서 안식(安息)을 얻는데

자신만 보고 산 인생
종국(終局)에
안길 품 없구나

꿈같은 하루

마음속 등불만 켜고
세상 빛은 모두 꺼 주세요
마음의 소리 외엔
모든 소음을 멈춰 주세요

텅 비운 마음
고요하고
먼지 한 점 없는 세상에
산다면 기뻐
눈물이 나겠지요

꿈같은 세상
우리 생(生)에 누릴 수 있을까요
단
하루만이라도

하얀 찔레꽃

봄꽃 다 진
여름의 길목
뒤꼍에 가만히 핀 꽃
이리 고운데
향이 이리 짙은데
핀 줄도 몰랐네

세상과 타협할 맘 없어
가시로 온몸을 덮고
은자(隱者)가 되었나
물끄러미 보노라니
세상과 멀어진 나
하얗게 스미는 외로움

몽상가(夢想家)

생사(生死)를 초월한 느린 춤
꿀을 빨면서도 멈추지 않는 날갯짓
꽃 너머 세상 너울너울
꿈 찾아가는 너

소리 한 번 낸 적 없는
가냘픈 몸
기약 없는 삶
비에 젖은 날개 파르르 떨고

구겨진 날개를 펴고
화려한 비상(飛翔)을 시작했을 때
꽃밭에서의 행복이 영원하길
바랐을 너

쉼 없이 피고 지는 꽃
생사(生死)의 의미 묻고 되묻다
꽃 너머 세상으로 훨훨
꿈 찾아가는 너

숲길

마을을 벗어나
숲으로 이어지는 산책
직박구리 한 쌍 앞서 날며
걸음을 재촉한다

카오스에서 코스모스로
깊숙이 들어갈수록
동해안 파도 소리가 들리고
시장통 사람 사는 빛깔도 묻어난다
숲이며 바다 시장통 모두
어쩜 다른 듯 닮았네

자연과 인간
등진 듯하면서도
서로 보듬고 살아가는
한 어미의 자식이로구나

씨간장

나이 들어 알게 된 것도 있고
나이 드니 보이는 것도 있다
나이 들어 좋은 점도 있지만
나이 들수록 삼갈 것도 있다

말이 통하던 자식들
커갈수록 대화가 툭툭 끊긴다
너무 자주 들여다보다
장맛 그르칠라

남은 생(生)
발효되듯 비우고 버려
씨간장처럼 익어 가야지

그림자

그대 달아나면
나는 쫓아가는 분신(分身)
당신은 매일 화려하게 갈아입지만
난 늘 검은 옷 한 벌

늘어났다 줄어들고
나타났다 사라지는 나는
당신이 드러내길 싫어하는
정직(正直)한 실루엣

그대를 향한 내 마음은
달콤한 입맞춤을 꿈꾸지만
당신이 연출한 모노드라마의
영혼 없는 피에로

호로고루

임진강 절벽 위
삼각형 요새(要塞)
강물을 사이에 두고
삼국(三國)이 벌인 각축 수백 년
찌르고 할퀸 흔적 성벽에 남겼네

얕은 임진강
자갈 훑으며 나직이 우는데
거슬러 오르는 잉어
세차게 물을 차며 제 몸 뒤집네

강성했던 제국
어디론가 사라지고
군마 내달리던 연천벌
흙먼지만 쌓였구나

동벽에 오르니
나당 연합군 함성 아스라하고
만주까지 뻗쳤던 고구려 기상
잊히니 분하고 원통하다

설움 복받쳐 응어리진 맘
터덕터덕 내려오는 길
오디 함빡 뒤집어 쓴 뽕나무
잊지 마라 잊지 마라 하네

* 호로고루 : 경기도 연천군 장남면
            임진강 북벽 위에 있는 옛 성(城)터
            백제, 신라, 고구려가 각축을 벌인 요충지

두물머리

그리워하던 두 강(江)이
만나 몸을 섞는다
서로 얽혀 빙빙 돌며
장엄한 호수를 펼쳤네

아 한강!
방랑자의 가슴에
애절한 심사(心思)가 인다
이 땅의 상처를 싸매 주고
끈질긴 삶의 젖줄이 되어준
어머니의 강

아 다산(茶山)!
벼슬이 종교가 다 무엇이냐
나라를 옳게 세우려는 꿈
생명을 구제할 학문을 향한 일념
도의와 명분을 잃은 세상이
다산을 부른다

아 한강이!
아 다산이!
비 내리는 두물머리에서 만나
민초(民草)들의 설움을 끌어안고
가던 길 멈춘 채
빗속에 눈물을 쏟는다

꿈

나 나비가 되리라
여름이면 수천 킬로를 날아
꽃 흐드러진 초원에서 사랑을 나누고
겨울엔 풍요로운 남녘 숲에서
절정의 삶을 향유(享有)하리라

나 나비가 되리라
이념도 억압도 차별도 없는
꽃 너머 세상 샹그릴라에서
자유와 평화를 구가(謳歌)하리라

나 나비가 되리라
천상으로 훨훨 날아올라
거짓의 껍질을 벗어 버리고
처음 사랑을 회복(回復)하리라

파랑새

바다마저 삼킬 기세로
망망대해를 휘저었지만
야망은 침묵의 바다에 잠기고
돌아온 것은 빈 가슴

황금에 눈 먼 영혼
시끌벅적한 시장통을 떠돌며
맘몬의 잔해를 쓸어 담아도
가시지 않는 갈증

파랑새를 찾아 헤맨 숲은
적막에 갇혀 있고
수북하게 쌓인 낙엽은
공허(空虛)한 회한의 흔적

미망(迷妄)에 사로잡힌
애처로운 영혼아!
차면 기우는
달에게서 배우렴

도피안사(到彼岸寺)

일주문에 합장하며 속세를 잊고
사천왕을 만나 두려움을 버린다
해탈문 지나 곧바로 작은 연못
깨끗한 연꽃 부처를 본 듯

한낮에 찾아온 딱따구리
산사의 정적을 깨뜨리고
600년을 살아낸 느티나무
고찰(古刹)을 지켜냈구나

네 귀퉁이 살짝 들어 올린
신라 보물 3층 석탑
단아한 천년 자태에
미망(迷妄)의 중생 신심이 솟는다

오색단청 대적광전(大寂光殿)에 들어
맑은 믿음으로 의심을 거두니
비로소 마주한 국보 비로자나불
깨달음의 언덕이 지척에 있네

수수꽃다리

동네 부잣집
높고 긴 담장 너머
가녀린 얼굴만 살짝 내밀고
보랏빛 짙은 향 뿌리던 너

하굣길 아이들
향내에 취해 재잘대며
순진무구(純眞無垢)한 꿈
창공으로 날려 보냈지

담장에 심은 수수꽃다리
옛 향기 그대로인데
혼탁한 세상
어릴 적 꿈 찾았을까

꽃은 봄마다 돌아오건만
친구들 소식은 끊긴지 오래
가슴에 묻어 둔 이름
하나씩 불러 본다

3부

1. 엄마의 섬
2. 자작나무 숲의 환영(幻影)
3. 고등어 무조림
4. 미안해 가만히
5. 머위꽃차
6. 솜이불
7. 목련
8. 10년의 사랑
9. 죽도시장
10. 피넛 버터
11. 엄마 마중
12. 기도(祈禱)
13. 눈에 관한 몇 가지 회상(回想)

엄마의 섬

검푸른 파도
숨 가쁘게 달려와
하얗게 부서지고
하얀 별
까만 하늘에서
파랗게 흩어지면

엄마는 자식 걱정
자식은 엄마 걱정

섬
홀로 있어도
그리움으로 연결되어 있구나

자작나무 숲의 환영(幻影)

하얀 물감을 훌뿌린 숲
열병하듯 서있는 나목(裸木) 속으로
고향을 찾아 들어간다

바람이 찾아온다
바람은 나무를 어루만지고
숲은 반가운 울음을 토한다

나무는 순결의 징표를 떨구고
넉넉한 숲은 하얀 껍질을 묻는다
삶과 죽음이 순환하는 대지(大地)

숲은 어머니 계신 고향
누워 어머니 가슴을 헤친다
자작나무 수액 한 모금

바람과 나무와 숲은 한 몸이다
나무와 숲과 대지는 한 영혼이다
숲과 어머니와 나는 하나다

고등어 무조림

마을 오일장
고등어 두 마리
소금치지 마시고
대가리 버리지 마세요

장사 마치고
엄마 손에 든 고등어
무 깔고 푹 졸여
대가리가 맛있다며
살은 자식들에게 주셨다

고등어 무조림
따신 밥에 먹다가
고생만 하신 엄마 생각에
더 먹지 못했다

미안해 가만히

창에 가만히 걸린 달이
들었다
엄마의 끊어질듯 한 숨소리를
지는 별이 힐끗
보았다
엄마의 흐린 눈망울을

엄마 떠나고서야
알았다
달만도 못한
별만도 못한
무심(無心)한 불효(不孝)를

엄마!
늘 부족했지만
달처럼
별처럼 사랑했어요
미안해 가만히
울었다

머위꽃차

봄은 아직 이른데
서둘러 틔운 순
겨울 내내 기다리던
봄의 전령(傳令)인가

약지(藥指)만 하던 꽃대
한 뼘만치 올라와
갓 들어온 졸병인양
제멋대로 늘어섰네
다이아몬드 촘촘히 박힌
아기 주먹만 한 뭉치꽃
작은 꽃송이 떼어
덖고 덖어 우려낸 향

평생
꽃차라곤 모르신 엄마
꽃차 한 잔 드리고 싶은데
이젠 곁에 계시지 않네

솜이불

이른 봄
목화 심었네
두 번 피는 꽃
크림색 꽃 지면 솜꽃이 터진다

온갖 걱정
하얘진 엄마 마음
기어이 터져 나온 솜
하얗다 못해 희구나

한 겨울
품을 떠날 딸
밤새 지은 이부자리
엄마 마음 담았네

긴긴 밤
임과 덮은 솜이불
엄마! 엄마!
베개에 스미는 눈물

목련

어머니
당신의 봄이 왔습니다
목련 꽃봉오리 덮는 솥에도
봄 내음이 가득합니다

가지는 온데간데없고
순백의 꽃송이로 덮인 나무
멀찌가니 서서 보니
어머니 머리를 보는 듯합니다

나풀나풀 떨어지는 꽃잎
한 장 한 장 아쉽기만 한데
금세 하얗게 변한 마당
허망함으로 덮였습니다

쉬 끝나버린 목련의 봄
며칠 더 머물면 좋으련만
목련꽃차 우려내며
그리움도 우려냅니다

10년의 사랑

눈비 추적이던 밤
돌 맞은 항아리처럼
깨져버린 가정

횃불과 고함
진흙 발로 짓밟힌 이불
빼앗아간 임

두 번째 면회
아이들을 부탁하오
죽음을 직감한 절망의 서약

폭설 따라
다섯 아들 안고 업고
도망치듯 떠난 고향

혼자라는 두려움
고단한 삶
사방에서 찌르는 편견

눈물의 50년
한결같이 지켜 준 버팀목
임과 켜켜이 쌓았던
꼭 10년의 사랑

죽도시장

신작로는 허구한 날
진창길
양키 물건 들어 보이는
젊은 여인들의 흐린 눈망울

마른 오징어 실은 트럭
흙탕물 튀기고 지나가면
하릴없는 손 일제히
좌판을 닦는다

납작 엎드린 시장통
부둣가 건어물 창고로 이어지고
후덥지근한 바닷바람에 밴
인부(人夫)들의 짭조름한 땀내

염색집 장대 늘어진 포목 사이로
숨바꼭질하며 들춰 대던 아이들
샛강에서 멱 감으며
하루를 용케 살아냈다

피란살이 여인들 한숨에
종일 짓눌린 시장은
해 지자 얼른
어둠 속으로 숨어버린다

* 죽도시장 : 경북 포항시에 있는 재래시장

피넛 버터

피란 시절
옆집 가게 아저씨가
한 숟갈 듬뿍 떠 준 것
어린 시절 내내
이름도 모른 그 맛
잊지 못했네

식빵에 발라 먹다가
아! 이 맛은!
그래
이거였구나!

이젠
수납장(受納機) 구석에
덩그러니 자리만 차지하고 있네

엄마 마중

엄마는 언제 와
추워 형 집에 가자
큰 길 교차로 찬바람 속
엄마를 기다린다

날은 밤으로 바뀌고
보채는 동생 헛약속으로 달래며
엄마를 기다린다

달빛 아래 모자 상봉
추운데 뭐 하러 나왔어
나무람마저 좋아라

혼자 몸
아들 다섯
종일 시장을 누벼도
가난은 딱 붙어 떨어지질 않네

엄마 손
저 혼자 잡은 동생 얄밉지만
엄마 보따리 맞들고
발걸음을 맞춘다

기도(祈禱)

엄마 왜 울어
응 막내가 예뻐서
새벽시장 나서기 전
엎드린 채 드린 기도 눈물이 되었네

피란 길
눈물은 폭설 되어 내렸네
삶과 죽음 모두 하얀데
새가 울고 엄마도 울었다

시집와 잃은 신앙
절체절명의 순간 터진 기도
감히
하나님과 거래하고자 했다

참혹한 눈밭에서
살려 주신다면
다섯 아들 모두
말씀 따라 키우겠노라고

혼자 몸
삶은 팍팍해도
기도로 여는 새벽
의로운 오른손으로 잡아주소서

눈에 관한 몇 가지 회상(回想)

첫눈 펑펑 내린 날
박달산 밑 오방색 마을
흑백으로 바뀌고
큰 집 작은 집 하얗게 엎드렸네

새벽시장 나서던 어머니
이놈의 눈 그만 좀 오지
언덕 길에 연탄재 뿌려라
하셨지

시멘트 포대 깔고
눈썰매 타던 동심(童心)
돌아갈 수 없는 시간
눈빛 속에 반짝이네

눈 오는 날의 결혼식
신부는 더 예뻤지만
항공기 결항으로
신혼여행 못 떠나고

눈 치울 일 걱정인데
부지런한 이웃들
넉가래 미는 소리에
얼른 뛰쳐나가네

* 박달산 : 경기도 파주시 광탄면에 있는
　　　　해발 363m 높이의 산

4부

1. 망종(芒種)
2. 새는 울지 않는다
3. 접시꽃
4. 백양사에 두고 온 마음
5. 분수리 연가(汾水里 戀歌)
6. 잠자리
7. 목화꽃
8. 매미를 아세요
9. 도둑맞은 기다림
10. 오이소박이
11. 자가 격려
12. 아니 이 소리는!
13. 족발

망종(芒種)

바람이 재촉한다
사각사각 부대끼는 보리
망종 전엔 떠날 거야

우는 보리 본체만체
멕이는 선창(先唱) 이어받는 후창(後唱)
열두 발 상모 하늘을 가른다

보리 벤 논에 줄지어 선 모
넉넉히 댄 물 반짝반짝
한숨 돌린 농심(農心) 어깨가 으쓱으쓱

꾹꾹 눌러 담은
따신 밥
아버지 제상에 고봉(高捧)으로 올린다

* 망종(芒種) : 24절기 중 9번째 절기. 보통 양력 6월 6일 경.
　　　　　　 보리 베고 모 심는 농번기

새는 울지 않는다

그의 집은 도시를 벗어난 숲에 있다
그는 필시 나를 경계할 테지만 나는 성실한 그가
마음에 든다
봄 햇살이 조금만 드는 정갈한 집도 마음에 들고
사랑 없는 만남은 인사도 없이 끝났다
그만 돌아가야지
난 나의 분신을 그의 보석함에 두고 나왔다
그를 향한 신뢰가 빚어낸 나만의 비밀(祕密)이었다

누가 다녀갔는지 방안에 그의 체취가 짙게
남아 있다
얼마 후 엄청나게 큰 새끼 하나가 방을 독차지하고
입을 쩍 벌린다
낯설고 너무 커 두려움마저 든다
본능적으로 품으려 해도 그저 작은 몸부림에
지나지 않는다
모두들 헛일을 한다고 비난했지만
난 운명(運命)을 받아들이기로 했다

작은 둥지에 파란 알 세 개
오목눈이 어미가 둥지를 비운 사이
노려보던 불청객 뻐꾸기
크고 파란 알 하나를 놓고 갔다
이후 숲에서 벌어지는 오목눈이 새끼들의 비극(悲劇)
친구여
자연의 눈으로 보세
새는 울지 않고
숲은 섭리(攝理)를 따랐네

접시꽃

측은도 해라
무슨 사연 있기에
좁아터진 대문간 돌 틈에
싹을 틔웠나

기어이 살아
접시만한 잎을 펼쳤네
그래
무엇을 보려고
하늘 향해 곧게 뻗기만 할까

선홍색(鮮紅色) 낯으로
애잔한 미소를 띠고
그렇구나
너도
누구를 기다리고 있구나

백양사에 두고 온 마음

큰 산 작은 산
돌고 돌아보다
떠나지 못한 가을
백양사에 머물고 말았네

뒤늦게 폭발한 애기단풍
작아 더 새빨갛다
와! 환호하는 순간
구름 두른 암벽 봉우리
쌍계루 끌어안고
연못에 풍덩 빠졌네

숨 멎을 듯한 데칼코마니
원 없이 눌러대고 가슴에도 새겼지만
떨어지지 않는 발걸음
끝내 마음을 누고 왔네

분수리 연가(汾水里 戀歌)

아침 까치 멋대로 울더니
간만에 온 딱따구리 임 본 듯 반갑고
잡초 뽑다 마주친 더덕 순
홀딱 뺏긴 마음

돌단풍
보는 이 없어도 꽃대 흔들며 유혹하고
댓돌에 엎드린 고양이
햇살을 한껏 탐하는 오후

새색시 볼 박태기꽃
검정 호박벌 붕붕 날고
얽히고설킨 쥐똥나무 속
참새 떼 재잘대네

한적(閑寂)한 분수리 일상(日常)은
오미자 맛 수채화
보는 만큼 열리고
긷는 만큼 채워지네

잠자리

장마 그치자
폭염으로 찌는 뜰
온통 고추잠자리 천지
낮게 날며 정지 비행 방향 전환
무얼 찾아 저리 바쁜가

신난 손자 녀석
잠자리채 들고 뛰는데
어릴 적
그만 들어와 밥 먹어라
아버지 호통 귓가에 들리는 듯

아버지 이어
남은 우리 또한 가도
훗날
어느 아이
저 뜰에서 잠자리 쫓겠지

목화꽃

목화꽃 폈어요
정말!

장마에 숨죽이고 있더니
큰 잎 뒤에 살포시 핀 꽃

예쁘고 환한데 왜 숨었어요
뒤에 터질 솜꽃이 돋보여야죠
겸손하기도 해라
난 목화꽃이 좋아요
색깔이며 자태가 여느 꽃과는 결이 달라요
과찬이세요
크림색의 맑은 꽃이
새색시 볼처럼 분홍색으로 변하네요
자가수분이 끝나면 변한답니다
연이어 피니 다행인데 왜 이리 빨리 가요
제가 가야 열매를 맺죠

알사탕처럼 둥근 열매
가을볕에 터지자 흰 솜을 뿜어낸다
솜이불이 최고라며 아꼈던 엄마
햇볕 남아 있을 때
솜이불 꺼내 널어야겠다

매미를 아세요

기약 없는 땅속 은둔의 끝이
고작 여름 한 달의 삶이라면
속(俗)된 세상에 대한 저항인가

나무줄기 밑동에
날듯 걸어 놓은 겉옷은
부활의 암시인가

금빛 은빛 날개로 차린
익선관(翼蟬冠)에 담긴 뜻
누구를 향한 위엄인가

하늘을 찌르는 울음의 끝
날랜 비행과 함께 스러지는 자락
죽음을 예감한 몸부림인가

평생 수액만 먹다
가을을 불러내곤 홀연히 떠나는
전령(傳令)

장마가 끝났다
이제 곧
세상 소음을 단번에 제압할
여름 용사가 온다

도둑맞은 기다림

집 뒤 언덕에 심은 두릅
뿌리 뻗어 제법 밭 일궜네
새순 기다리는 맘
아침마다 애가 탄다

겨우내 마른 나무
죽은 막대기 같더니
살짝 나온 손톱만한 순
어쩜 이리 반가운지

따기엔 아직 일러
한 주 더 기다리는데
행여 누가 따가지나 않을까
적이 쓰이는 마음

바구니 들고 나선 아침
뭔가 모를 싸한 기운
싹 사라진 두릅 순
사람이 미워지려 하네

오이소박이

길쭉하게 빠진 오이
싱싱하고 값도 좋네

쪽파와 부추 짧게
아니 더 짧게 썰어요
양자배기에 버무리며
연신 간을 보는 아내
칼집 낸 데 소 넣어 줘요
작은 포크로 떠 주니
좌우로 쏙쏙 잘도 받아 먹네

남은 오이물 어쨌어요
버렸는데 왜

자가 격리

코로나 팬데믹
팔자에 없던 자가 격리
아내의 바가지조차 그립다

삼시세끼 해대느라 지쳐
데면데면 하는 아내
외려 서운한 맘
뭔 심사인가

혹여 미운 맘 돋을까
어둠을 이불 삼아
얼른 잠을 청해보는데

헤아릴 줄 모르는
밝은 달이
오늘따라 고깝다

아니 이 소리는!

아니 이 소리는!
한여름 소리의 패자(霸者)
떼 지어 울어대면 귀가 먹먹하고
생각 자체가 멈춰 버린다

하늘 가르고 올라가는
높은 울음소리
삼복더위도 달아날
청량감(淸凉感)

혼을 빼는 울음의 뒤끝
짧은 정적
시끄러움 속에
고요함이 있었네

서늘한 바람 돌아오니
일제히 사라진 매미
다시 들리는 세상 소음
분주해진 일상(日常)

족발

산책의 끝
마을 오일장
족발 파는 노부부
금실이 보기 좋아
작은 포장 하나 집었다

겨울을 버틴 봄동
달달한 맛
족발과 환상 궁합
오랜만의 포식(飽食)
일주일 산책 물거품 됐네

5부

1. 달님과 해님
2. 폭설(暴雪)
3. 야속한 눈
4. 참나리
5. 동생이 필요해
6. 엄마와 똑같아
7. 엄마가 이뻐
8. 낮잠
9. 눈치 10단
10. 헐크 아기
11. 실개천
12. 참새
13. 길고양이

달님과 해님

해님이 꿈나라로 가자
달님이 오셨네
밤이 무서운 아기들
달빛 아래 단잠 자라고

달님이 자러 간 사이
해님이 오셨네
엄마 얼굴 보고픈 아기들
눈 비비고 얼른 깨라고

폭설(暴雪)

밤 새 내린 눈
햇살 머금은 네모진 마당
잘 식은 술떡 같구나

제 솜씨 뽐낸 고양이
동글동글한 발자국
기다랗게 그려 놓았네

할아버지!
눈사람 만들었어요
손녀의 흥분 저편으로 스치는
내 어린 시절

야속한 눈

너는
머시 좋아
종일토록 펄펄
춤을 추냐

나는
온다던 아들네
못 와
속상한데

참나리

한여름
목 길게 빼고
한들거리는 카우보이모자
주근깨 함빡 뒤집어 쓴
빨강머리 앤 수줍게 웃네

대문가에 핀 꽃
지가 집주인인 양
오가는 이 보고
꾸벅꾸벅
인사 한 번 잘 하네

동생이 필요해

소꿉놀이하는 두 아이
나는 엄마 너는 아빠
내가 엄마 할래

안 돼 내가 엄마야
왜 안 돼

난 동생 있는데 넌
없어
아기 있는 내가 엄마야

엄마
나도 동생 갖고 싶어

엄마와 똑같아

할머니
보고 싶어요
우리 집에 오세요
꽃 피면 내려갈게

할머니
뛰다가 넘어져
무릎에 피났어요

엄마가 너만 할 때도
할머니 말 안 듣고 내뛰다
넘어져 무릎에 피났어
하하하 우습다
재밌어요

엄마도
저 같았다는 게
그리 좋을까

엄마가 이뻐

뜰에 핀 꽃
엄마 백일홍 하면
아기도 백일홍 한다

채송화 하니
채송화 하고

꽃 이쁘지 하니
엄마가 이뻐 하며
배시시 웃는다

낮잠

아장아장 아기
나비 쫓는다

아기 걸음 빨라지면
나비도 빨리 난다

나비 어디 갔어
코하러 갔지

엄마 언제 와
코하면 오지

고사리 손가락
할머니 머리카락 감아 돌리며
꿈나라로 간다

눈치 10단

며칠 다녀가시면 안 될까
딸 생각에 거절 못하고

할머니 보자
엄마 품에 꼭 안긴 아기
할머니 왜 왔어

나가는 엄마 목 끌어안고
울고불고 매달리더니
현관문 닫히자
할머니가 좋아

돌아온 엄마
덥석 안긴 아기
종알종알
할머닌 이제 집에 가도 되는데

헐크 아기

일찍 일어난 아기

할머니 일어나세요
허리가 아파서 누워있는 거야
내가 주물러 줄게요
힘이 세기도 해라
밥 많이 먹고 헐크 될 거예요
헐크 되면 뭘 하려고
무서운 멧돼지 내가 물리칠 거예요
밥 잘 먹어서 너무 예뻐
밥 많이 먹고 언니보다 클 거예요

다람쥐모양 이 방 저 방 뛰는 아기
할머니 밥 잡수세요
고마워

실개천

산책길에서 만난
실개천
지도 반가운지
촐졸졸 말을 거네

무미건조하던 산책
찰찰차르 따라오며
말동무
길동무해 주더니

생강나무 꽃 보느라
고꾸라지는 줄도 모르고
촤찰차르
한 뼘 폭포를 연출하네

참새

어제
비 온 뒤
잡초 뽑을 때
쥐똥나무 담장을 드나들며
곁에서 지잘대더니

오늘은
헤쳐진 뜰에 내려와
마른 가지 마른 풀
한입 물고
처마 밑을 들락거리네

길고양이

눈 비비면
세수
하품하며 비비면
꿈나라
배고프면 곁에 와
야~옹
배부르면 볕 찾아
벌러덩

쓰다듬어 주기라도 하면
집 지키던 복술이
샘나 끙끙
실눈 뜬 고양이
얄밉게 찡끗